AF509357

2me SÉRIE

DU

MAGASIN THÉÂTRAL

PIÈCES NOUVELLES
A 25 centimes la Livraison,

JOUÉES SUR TOUS LES THÉATRES DE PARIS.

2me LIVRAISON.

THÉATRE DE L'ODÉON.

LE TREMBLEUR,

Comédie en deux actes,

Par Mme ANAIS SÉGALAS.

Condition d'abonnement :

POUR 20 PIÈCES EN UNE OU DEUX LIVRAISONS,

Pour Paris, rendu à domicile . . . . 5 fr.
Pour les Départements, par la poste 7

PARIS.

MARCHANT, ÉDITEUR,

Boulevart Saint-Martin, 12.

1re SÉRIE DU MAGASIN THÉATRAL

A 25 Centimes.

L'ALCHIMISTE, drame en 5 actes, par Alex. Dumas.

LES AMOURS DUNE ROSE, féerie en 5 actes.

L'APPRENTI, ou l'Art de faire une Maîtresse, vaudeville en 1 acte.

ATAR-GULL, drame en 5 actes.

AUBRAY LE MÉDECIN, drame en 3 actes.

L'AUBERGE DE LA MADONE, drame en 5 actes.

L'AUMONIER DU RÉGIMENT, vaudeville en 1 acte.

L'AMI GRANDET, comédie-vaudeville en 2 actes.

LA BERLINE DE L'ÉMIGRÉ, drame en 5 actes.

LES BRIGANDS DE LA LOIRE, drame en 5 actes

LA BICHE AU BOIS, féerie.

CALIGULA, tragédie en 5 actes, par Alexandre Dumas.

LE CANAL SAINT-MARTIN, drame en 5 actes.

LE CABARET DE LUSTUCRU, vaudeville en un acte.

CHEVAL DE BRONZE, opéra-comique de Scribe.

LA CHAMBRE ARDENTE, drame en 5 actes.

LES CHAUFFEURS, drame en 5 actes.

CHRISTINE A FONTAINEBLEAU, drame, par Frédéric Soulié.

CHRISTOPHE LE SUÉDOIS, drame en 5 actes.

CHATTERTON MOURANT, monologue en 1 acte et en vers.

LES CHEVAUX DU CARROUSEL, drame en cinq actes.

LE CHATEAU DE VERNEUIL, drame en 5 actes.

LE CHATEAU DE SAINT-GERMAIN, drame en 5 actes.

LE CHEF-D'OEUVRE INCONNU, drame en un act.

LES CHIENS DU MONT SAINT-BERNARD.

CLAUDE STOCQ, en cinq actes.

LA CROIX DE FEU, en 5 actes.

CROMWELL ET CHARLES 1er, drame en 5 actes.

LE COMMIS ET LA GRISETTE, vaudeville en 1 acte.

LES DEMOISELLES DE SAINT-CYR, drame en 5 actes, par Alex. Dumas.

LES DEUX DIVORCES, vaudeville en un acte.

LE DÉSERTEUR, opéra-comique en 3 actes.

LA DEMOISELLE MAJEURE, vaudeville en 1 acte.

DON JUAN DE MARANA, par Alexandre Dumas.

LA DOT DE SUZETTE, drame en 5 actes.

LE DOIGT DE DIEU, drame en un acte.

LA DUCHESSE DE LA VAUBALIÈRE, drame en 5 actes.

DIANE DE CHIVRY, drame, par Frédéric Soulié.

LA DERNIÈRE NUIT D'ANDRÉ CHÉNIER, monologue en un acte.

L'ÉCLAT DE RIRE, drame en 3 actes.

EL GITANO, drame en cinq actes.

LES ENFANTS D'ÉDOUARD, par Casimir Delavigne.

L'ÉLÈVE DE SAINT-CYR, drame en 5 actes.

LES ENFANTS DE TROUPE, vaudeville en 2 actes.

LES ENFANTS TROUVÉS, drame en 3 actes.

L'ÉCOLE DES JEUNES FILLES, drame en 5 actes.

LES ENFANTS DU DÉLIRE, vaudev. en 1 acte.

ESTELLE, comédie, par Scribe.

ÊTRE AIMÉ OU MOURIR, *idem*.

EULALIE GRANGER, drame en 5 actes.

LES ENRAGÉES, vaudeville en 1 acte.

ÉDITH, drame en 4 actes.

EN SIBÉRIE, drame en 3 actes.

LA FAMILLE MORONVAL, drame en 5 actes.

LA FAMILLE DU FUMISTE, vaudeville en 2 actes.

FABIO LE NOVICE, drame en 5 actes.

LE FILS DE LA FOLLE, drame en actes, par Frédéric Soulié.

LA FILLE DE L'AVARE, comédie-vaudeville en 2 actes.

LA FILLE DE L'AIR, féerie en 5 actes et 11 tableaux.

LA FILLE DU RÉGENT, comédie en 5 actes.

LES FILETS DE SAINT-CLOUD, drame en 5 act.

FRANÇOIS JAFFIER, drame en 5 actes.

FRÉTILLON, comédie-vaudeville en 3 actes.

LA FIOLE DE CAGLIOSTRO, vaudeville en 1 acte.

FORTE-SPADA, drame en 5 actes.

LES GANTS JAUNES, vaudeville en 1 acte.

LE GARS, drame en 5 actes.

GASPARD HAUSER, drame en 5 actes.

LA GAZETTE DES TRIBUNAUX, vaudeville en 1 acte.

GENEVIÈVE DE BRABANT, mélodrame en quatre actes.

HALIFAX, comédie en 3 actes, par Alexandre Dumas.

L'HONNEUR DANS LE CRIME, drame en 5 actes.

LE TREMBLEUR,

COMÉDIE EN DEUX ACTES, MÊLÉE DE COUPLETS (1),

PAR Mme ANAÏS SÉGALAS,

REPRÉSENTÉE, POUR LA PREMIÈRE FOIS, A PARIS, SUR LE SECOND THÉATRE-FRANÇAIS
LE 8 SEPTEMBRE 1849.

PERSONNAGES.	ACTEURS.	PERSONNAGES.	ACTEURS.
MOLIGNIER.......... MM.	MOREAU-SAINTI fils.	CHRISTINE, femme de Molignier.............	Mlles BIRON.
ROBERT, son frère.....	VICTOR-HENRY.		
URBAIN.............	HARVILLE.	ANGÈLE, femme de Robert	LAURENTINE.
NARCISSE, son ami.....	LAROCHELLE.	ANTOINE, domestique... M.	FORESTIER.

La scène se passe à Paris, en 1849.

ACTE PREMIER.

Un salon. — Porte au fond, portes latérales. — Au milieu du théâtre, une table recouverte d'un tapis et remplie de journaux. — Au fond, à la droite de l'acteur, un piano. — A gauche, un guéridon avec ce qu'il faut pour écrire.

SCÈNE PREMIÈRE.

CHRISTINE, MOLIGNIER. (*Au lever du rideau, Christine est à son piano. Molignier est assis devant la table du milieu, et lit un journal.*)

CHRISTINE. Depuis une heure, je suis à mon piano ; je chante, et vous ne m'écoutez pas... Voilà un charmant mari...

MOLIGNIER, *lisant.* Quelle séance intéressante ! Ils font un tapage à ce congrès de la paix !

CHRISTINE. Vous êtes insupportable.

MOLIGNIER, *lisant.* C'est parfaitement juste, c'est très-bien parlé.

CHRISTINE, *se levant.* Laissez donc vos éternels journaux ! En vérité, si cela continue, nos maris deviendront amusants comme un premier-Paris. La politique et les spéculations les absorbent tour à tour.

AIR de *Frédéric Bérat.* (Le Vicomte de Létorière.)

L'amour n'est plus volcanique,
Et, dans ce siècle banal,
Roland fuirait Angélique

Nota. — Les personnages sont inscrits en tête de chaque scène comme ils doivent être placés sur le théâtre : le premier inscrit occupe la droite de l'acteur. Les changements sont indiqués par des renvois.

(1) MM. les Directeurs de province pourront, à leur choix, ou prendre les airs connus, indiqués pour faciliter la représentation, ou s'adresser pour la partition à M. Ancessy, chef d'orchestre de l'Odéon, qui a composé la musique des couplets.

> Pour savourer un journal.
> Si quelque banquier s'absente,
> Et risque un enlèvement,
> Ce sont des coupons de rente
> Qu'il emporte tendrement.
> Dans notre monde vulgaire,
> Sans passions ni brasier,
> Pétrarque serait notaire,
> Roméo serait banquier.

SCÈNE II.

MOLIGNIER, CHRISTINE, ROBERT, AN-
GÈLE. (*Robert et Angèle entrent par la
gauche, en se querellant.*)

ANGÈLE. Mais, mon ami, je...

ROBERT. Silence, madame.

CHRISTINE, *allant à eux, au fond.* Comment, mon cher beau-frère, encore un orage conjugal! Depuis que vous êtes venus tous deux habiter avec nous, je vous entends toujours quereller cette pauvre Angèle. Quel est donc son crime aujourd'hui ? Qu'avez-vous? répondez.

ROBERT. Ce que j'ai, ce que j'ai... (*Il l'amène sur le devant de la scène, pendant qu'Angèle va tourmenter Molignier, qui lit les journaux.*) Mais vous-même, ma brillante belle-sœur, répondez-moi. Pourquoi cette charmante toilette combinée pour séduire? Vos perfides couturières sont bien coupables. Tout cela n'est pas pour nous autres, pauvres époux : les boucles parfumées sont pour les amants, et les papillotes pour les maris. Vous avez aujourd'hui un air de parure et de conquête... Qu'en penses-tu, mon frère ?

MOLIGNIER, *toujours assis.* De la politique ?...Je ne sais pas. (*Robert va s'asseoir en face de lui, à gauche; les deux femmes vont et viennent en causant ensemble, puis s'asseyent près du piano, et prennent chacune une broderie.*) On m'a envoyé ce matin dix opinions à la fois, des journaux blancs, des bleus, des rouges, un véritable arc-en-ciel.

ROBERT. S'il annonce le beau temps...

MOLIGNIER. Laisse-moi consulter mes baromètres. (*Regardant un journal.*) Ah !... nous sommes sauvés ; c'est le journal qui le dit. (*Ouvrant un autre journal.*) Oh ! mon Dieu! non, nous sommes perdus! c'est l'autre journal qui l'assure. Quant à mon opinion personnelle...

ROBERT. C'est celle des poltrons et des trembleurs, je le sais. Tu ne rêves qu'émeutes, conspirations et périls, et tu crois toujours ta vie et tes biens en danger. Tu es de l'espèce de ces gens qui s'écrient, dès qu'un léger nuage paraît à l'horizon : Ah! grand Dieu! quelle averse nous allons avoir! Si , au contraire, par un beau jour d'été, le soleil brille et nous ranime , nos poltrons doutent encore , et prennent un parapluie dans la crainte de l'orage.

MOLIGNIER. Je te dis que l'horizon politique...

ROBERT. Se rembrunit. On connaît la phrase.

MOLIGNIER. Tu as beau dire, tout me semble bouleversé. J'ai peur...

ROBERT. De quoi ?

MOLIGNIER. De tout.

Air des Anguilles (Mazaniello)*.

> J'ai peur quand l'impôt veut en maître
> Doubler sa cruelle rançon ;
> La rente, c'est mon thermomètre,
> A la baisse, j'ai le frisson.
> Dans ces journaux que je recueille,
> Toute montagne est un volcan :
> Moi qui vois frémir chaque feuille,
> J'ai peur de l'ouragan.

ROBERT. Allons donc !... Ne crains rien.

Même air.

> Tout s'émeut encore et chancelle,
> Mais bientôt tout va s'affermir:
> L'ouragan fuira ; sous son aile
> Les feuilles ne vont plus frémir.
> Ce feu caché dans le nuage,
> Deviendra splendide et vermeil:
> L'éclair, qui brillait dans l'orage,
> Fera place au soleil.

MOLIGNIER, *se levant.* Mais, hier matin encore, je vis des attroupements. (*Tout le monde se lève, et l'entoure avec inquiétude***) effrayants, menaçants, alarmants.

ROBERT. Dans la rue?

MOLIGNIER. Non, dans le journal.

ANGÈLE. On les dispersera d'un trait de plume.

MOLIGNIER. Ce fut bien pis le soir, à minuit, en passant devant l'Opéra.

---

* Pour chanter ces couplets sur l'air des *Anguilles*, on ajoutera deux syllabes au dernier vers de chaque couplet: Premier couplet :

> J'ai toujours peur de l'ouragan.

Deuxième couplet:

> Fera bientôt place au soleil.

** Angèle, Christine, Molignier. Robert.

ROBERT. Tu rencontras des lions déchaînés?

MOLIGNIER. Un rassemblement formidable.

ANGÈLE. En vérité! C'était la foule qui sortait du théâtre, et venait de voir *le Prophète*.

MOLIGNIER. Vous avez beau railler, le moment est grave. Il faut fermer sa bourse et garder son vieil habit.

ROBERT, *le prenant à part*. Fais-y bien attention; on garde son vieil habit et l'on perd sa jeune femme. Puis, vois-tu bien, dans le fond de ces bourses que vous autres trembleurs vous vous obstinez à fermer, il y aurait la joie de la mansarde et la tranquillité de la place publique.

MOLIGNIER, *haut*. Mais je te dis, moi, que nous allons tous devenir pauvres... comme des actionnaires.

ROBERT. Eh quoi! mon frère, tu as donc perdu?

MOLIGNIER. Rien encore; mais...

CHRISTINE. Mais, en attendant, on me prive de mes bals, de mes parures. Vous, si généreux d'ordinaire, vous devenez presque avare. Cependant vous avez toujours vos maisons, vos propriétés, vos rentes sur l'État; vous êtes riche!...

MOLIGNIER. Chut! tais-toi! On ne dit pas cela dans ce temps-ci.

CHRISTINE. Vous m'impatientez. Toute la journée, j'entends raisonner ou déraisonner politique. Oh! prenez garde, monsieur, prenez garde, car je m'ennuie, et dans un gouvernement monarchique ou marital, il faut toujours frémir quand un peuple murmure ou quand une femme s'ennuie.

ROBERT. Elle a raison. Je ne permets qu'aux maris d'être alarmistes. Eh! morbleu! sois comme moi; donne sans crainte la main au peuple, et s'il la secoue un peu rudement, qu'importe? l'étreinte n'en sera pas moins franche et loyale. Moi, je suis un sincère républicain, excepté dans mon ménage, où j'ai toujours été pour la royauté absolue.

ANGÈLE. Cependant...

ROBERT. Silence, madame. Du reste, vive la jeune liberté, belle et courageuse fille de Sparte et de Rome, qui s'est fait naturaliser Française! vivent la liberté de la presse, la liberté de la parole!

ANGÈLE. A la bonne heure! mon ami, et je...

ROBERT. Silence, madame!

ANTOINE, *entrant par le fond*. Monsieur Norlis et monsieur Lormier demandent s'ils peuvent être reçus.

MOLIGNIER. Fais entrer. (*Antoine sort.*)

CHRISTINE, *à part*. Monsieur Urbain!

ROBERT, *l'observant*. De l'émotion... j'avais deviné.

MOLIGNIER. Je serai charmé de voir monsieur Urbain Norlis, notre jeune voisin, qui ne manque jamais de m'apporter des journaux.

ROBERT. Et qui offre à ta femme des romances nouvelles.

ANGÈLE. M. Narcisse Lormier, n'est-ce pas ce jeune homme que M. Urbain nous a présenté l'autre jour? un petit blond?

ROBERT. Silence, madame! Une femme réservée ne doit remarquer ni les petits blonds ni les grands bruns.

~~~~~~

SCÈNE III.

NARCISSE, ANGÈLE, CHRISTINE, URBAIN, MOLIGNIER, ROBERT.

ANTOINE, *annonçant*. Monsieur Norlis, monsieur Lormier (*Il sort*). — *Urbain et Narcisse sont mis avec élégance, et portent chacun un œillet à la boutonnière.*)

URBAIN, *saluant*. Mesdames...

NARCISSE. Mesdames... (*A part, en regardant Angèle*.) Foi de Narcisse, cette femme est Armide ou Circé. Si je pouvais trouver une petite phrase de madrigal...

MOLIGNIER, *à Urbain*. Ce cher Urbain!... M'apportez-vous des journaux?

URBAIN, *lui donnant des journaux*. En voici pour deux heures de lecture. (*Offrant une romance à Christine.*) Et voici, madame, un charmant nocturne à deux voix.

ROBERT, *à part*. Avec des soupirs et des demi-soupirs.

URBAIN, *à Christine*. Toujours belle et gracieuse, madame. S'il fallait voter pour la plus belle, vous auriez le suffrage universel.

NARCISSE, *à part*. Oh! j'ai une idée! (*A Angèle.*) Toujours vermeille et piquante, madame. Si l'on devait nommer la plus enchanteresse, vous seriez représentante de la beauté nationale.

ANGÈLE, *à part, à Christine*. Il est fort aimable ce jeune homme.

ROBERT, *à part*. Ah! mais un instant, les flatteurs perdent les femmes comme les rois. (*Il va se placer entre Angèle et Christine.*)

NARCISSE, *à Angèle*. En vérité, madame,
~~~~~~

LE TREMBLEUR.

vous êtes adorable : pour trouver un trésor, il est inutile de partir pour la Californie.

ANBÈLE. Monsieur... (*Se retournant doucement et croyant Christine près d'elle.*) Mais c'est qu'il est charmant ce jeune... (*Elle aperçoit son mari et reste interdite.*)

ROBERT. Oh! silence, madame!

URBAIN, *bas, à Christine.* Toujours entourée... Ne pourrais-je vous voir loin de ces regards importuns?

ROCERT, *à part.* Il lui parle bas ; mais je les surveillerai.

MOLIGNIER, *s'écriant, en regardant son journal.* Ah!... (*Tout le monde le regarde avec inquiétude.*) Voilà un premier-Paris très-remarquable, mais très-inquiétant.

ROBERT. Eh! laisse donc ta politique!

NARCISSE. Ah! monsieur, vous avez effrayé ces dames ; je demande grâce pour elles.

AIR : *Dans un grenier qu'on est bien à vingt ans !*

La politique aux brûlantes fournaises,
Triste rivale, a pris tous leurs succès :
On n'a jamais songé moins aux Françaises,
Jamais on n'a parlé plus des Français.
Et cependant de ma belle patrie,
S'ils font la gloire, elles font le bonheur :
De notre France invincible et chérie,
L'homme est le bras, mais la femme est le cœur !

CHRISTINE. Quant à moi, je ne lis que le feuilleton.

ROBERT. Ah! vous aimez les romans-feuilletons. Moi aussi j'y prends un vif intérêt, et je suis sûr que monsieur Urbain est de mon avis. (*Tout le monde s'assied autour de la table du milieu. Molignier se place devant le guéridon, à gauche, et pendant le reste de la scène ne s'occupe que de la lecture de ses journaux; Robert reste debout.* *)

MOLIGNIER. Moi, dans les journaux, je n'aime que le premier étage.

ROBERT. C'est un très-grand tort. On se bat au premier, on parle d'amour au rez-de-chaussée. Eh! tenez, je lisais l'autre jour le début d'un roman que je veux vous raconter ; suivez-moi bien.

NARCISSE. Comment donc! monsieur, mais je vous écoute, je suis tout à vous. (*Il s'assied.*)

ROBERT. Le feuilleton commence à peine, l'auteur nous peint seulement les situations et les caractères, ce n'est qu'une simple exposition.

URBAIN, *à part.* Où veut-il en venir?

* Narcisse, Angèle, Robert, Urbain, Christine, Molignier.

ROBERT, *regardant Molignier.* Il s'agit d'un mari qui s'occupe fort peu de sa femme, et beaucoup de l'Angleterre, de l'Autriche ou de la Prusse, je ne sais pas au juste.

MOLIGNIER. De la Prusse, peut-être ; c'est un article intéressant. (*Il reprend son journal.*)

ROBERT, *regardant Urbain.* Auprès d'un mari occupé, il se glisse toujours un jeune homme désœuvré ; or le jeune homme entreprend la conquête de la femme. C'est un soupirant en gants jaunes, chevalier de l'œillet, Richelieu bourgeois, espèce de Lovelace...

URBAIN, *irrité.* Monsieur !

ROBERT. Vous avez lu le feuilleton, monsieur. (*Regardant Narcisse.*) J'oubliais de vous dire que le jeune homme a un ami assez ridicule, qui copie maladroitement ses habits et ses manières : un daguerréotype de notre Lovelace, une doublure de notre don Juan, une de ces caricatures que tout homme célèbre, ou simplement à la mode, traîne après lui comme son ombre, ou plutôt comme son singe.

NARCISSE. Ce caractère m'intéresse ; c'est un joli portrait de fantaisie.

ROBERT. Non, monsieur, c'est un portrait d'après nature.

NARCISSE. Ah! il est d'après nature !

ROBERT. Oui, monsieur, oui. La jeune femme que Lovelace veut fasciner aime d'abord son mari d'un amour... modeste et conjugal, mais sincère. Par malheur, le mari est négligé dans sa mise, maussade et préoccupé ; le jeune homme est élégant ; que vous dirais-je enfin ? (*Regardant Molignier, qui ne l'écoute pas.*) La jeune femme commence à le regarder avec quelque attention, et peut-être à s'apercevoir que son amour pour son mari est déjà...

MOLIGNIER, *qui a toujours lu son journal.* À la baisse ! la rente est à la baisse !

ROBERT. Mais au milieu de tout cela il se trouve un homme de cœur, un frère peut-être, qui ne veut pas voir ridiculiser un nom qu'il porte aussi. Cet homme est là pour surveiller notre jeune lion... il le suit comme une ombre, comme un Argus. Or, un jour...

URBAIN. Eh bien ! monsieur ?...

ROBERT. Le feuilleton finissait là, et l'on remettait la suite au prochain numéro.

NARCISSE, *se levant.* Quel dommage ! Mais nous craignons d'être indiscrets... nous nous retirons. (*Tout le monde se lève.*)

MOLIGNIER. Je voudrais vous retenir... mais je m'aperçois que je n'ai dîné que du Constitutionnel, du National et de la Gazette. Si j'osais vous prier...

NARCISSE. Mille remercîments... j'ai un engagement au Jockey-Club.

MOLIGNIER, *involontairement.* Tant mieux. (*Se reprenant.*) Je dis tant mieux parce que vous y dînerez mieux que chez moi... mon repas est si frugal.

ANGÈLE. Un repas d'alarmiste.

MOLIGNIER.

Air *de la Famille de l'Apothicaire.*

Un repas de collégiens,
Comme au temps joyeux et classique,
Où je me nourris des anciens,
Et des fleurs de la rhétorique.
Martyr du grec et du latin,
Savourant les bibliothèques,
Ecolier frugal et matin,
Je vivais de racines grecques.

URBAIN, *bas à Christine.* Je reste ici, je veux me justifier... De grâce, revenez dans un instant.

CHRISTINE. Ne l'espérez pas, monsieur...

ROBERT, *passant entre eux.* Puis-je vous offrir le bras, ma chère belle-sœur?... (*Molignier sort par la droite en lisant son journal. Angèle et Narcisse se saluent gracieusement, puis Urbain et Narcisse ouvrent la porte du fond, et saluent comme pour sortir.*)

ROBERT, *passant devant eux.* Adieu, messieurs, adieu!... (*Il sort par la droite avec Christine et Angèle.*)

SCÈNE IV.

NARCISSE, URBAIN. (*Dès que les autres personnages ont disparu, Urbain, qui était au fond avec Narcisse, le ramène mystérieusement en scène, et lui fait signe de regarder si personne ne peut les surprendre. Narcisse entr'ouvre la porte de droite, et lorgne avec affectation, comme s'il apercevait Angèle.*)

URBAIN, *à part.* Mon Argus est jaloux; si on l'occupait de sa femme, il songerait moins à sa belle-sœur. Je ne vois que cet original... (*Haut.*) Narcisse!... beau Narcisse!...

NARCISSE. Hein! (*Il revient en scène son lorgnon sur l'œil.*)

URBAIN. Narcisse, tu es amoureux.

NARCISSE. Moi?... ah! bah?

URBAIN. Amoureux fou.

NARCISSE. En es-tu bien sûr?

URBAIN. J'en suis certain.

NARCISSE. Eh bien, cela ne m'étonnerait pas : j'ai l'imagination ardente; j'adore toutes les jolies femmes aux cheveux blonds ou noirs, cela m'est égal.

Air *du Coiffeur et du Perruquier.*

J'aime l'Agnès, la panthère friponne,
J'aime le rat, qui nous ronge un peu trop ;
Sur son cheval quand je vois la lionne,
Mon cœur s'élance et la suit au galop !

Au bal masqué, quand brille une prunelle,
Beau domino, dis-je, oh! sois mes amours!
Et souris-moi dans ta barbe en dentelle!
Car j'aime, hélas! tous les loups de velours.

Chaque portrait de Dubufe, au Musée,
Me brûle au feu de son regard coquet :
C'est madame A... madame L... O risée!
Je suis épris de tout un alphabet !

Dieu mit en moi des flammes, du salpêtre ;
C'est l'incendie avec son feu vainqueur !
O grand don Juan, mon modèle et mon maître,
J'ai le Vésuve à la place du cœur !

J'aime l'Agnès, la panthère friponne, etc,

URBAIN, *souriant.* Mon pauvre Narcisse!...

NARCISSE. Or! je suis donc épris de?...

URBAIN. De la charmante Angèle.

NARCISSE. C'est vrai, c'est remarquablement vrai!... Et toi, cher, es-tu amoureux aussi?

URBAIN. Je me garderais bien de ne pas l'être dans un pareil moment!... Il y a deux ans, les maris étaient à la Bourse et je fis la conquête de la femme d'un spéculateur ; aujourd'hui, les maris sont aux revues de la garde nationale, aux élections, aux séances de l'Assemblée, ou font de la politique alarmiste!... Les temps sont favorables, les femmes s'ennuient, et je me glisse près d'elles en disant tout bas : Vive la République !

NARCISSE. Très-bien!... c'est le temps des billets de garde pour les maris, des billets doux pour les amants.

URBAIN. Revenons à Angèle ; il faut lui plaire.

NARCISSE. J'ai ton tailleur.

URBAIN. Sois étourdissant.

NARCISSE. Volcanique !

URBAIN. Délirant !

NARCISSE. Conquérant !

URBAIN. Arme-toi, pour séduire, de fleurs de rhétorique et d'un bouquet de camélias.

NARCISSE. J'allais avoir cette idée. (*Fausse sortie.*) Mais le mari qui paraît d'une jalousie féroce....

URBAIN. A vaincre sans péril....

NARCISSE, *l'interrompant.* J'allais avoir ce souvenir; j'aime cet alexandrin.

Air de Condé.

Guerre à ton jaloux, ma divine,
Fût-il Barbe bleue, Othello !
Je suis Lindor, j'aime Rosine,
Et je me ris de Bartholo !

Il sort par le fond.

SCÈNE V.

URBAIN, *puis* CHRISTINE.

URBAIN. O Pylade ! merci. Voilà notre infernal espion occupé de ses propres affaires. Christine est si jolie que je deviens diplomate. Viendra-t-elle?... elle a dit non; mais elle était émue, ses yeux m'ont dit oui, et les yeux d'une femme sont plus francs que sa bouche.

CHRISTINE, *entrant par la droite.* * Mais où est donc cette broderie ?... je dois l'avoir oubliée ici.

URBAIN, *à part.* Que les femmes ont d'ingénieux prétextes ! Rosine laissera toujours tomber sa romance.

CHRISTINE, *feignant la surprise.* Ah ! c'est vous, monsieur !... je ne pensais pas...

URBAIN. Enfin, madame, je puis donc me justifier et vous dire...

SCÈNE VI.

CHRISTINE, ROBERT, URBAIN.

ROBERT. Ah ! j'ai le plaisir de vous retrouver ici, monsieur Urbain.

URBAIN, *à part, avec colère.* Mais c'est donc mon ennemi intime que ce M. Robert!.. (*Christine s'assied à droite.*)

ROBERT. Voyez comme la sympathie nous guide vers nos amis; je me doutais que vous étiez encore là.

URBAIN. Et moi, monsieur, je devinais que vous viendriez bientôt me tenir compagnie.

* Christine, Urbain.

ROBERT. Vous le deviniez.... toujours la sympathie... C'est une si douce chose qu'une causerie intime et franche, et, entre nous trois qui nous comprenons si bien, la conversation doit être affectueuse, animée.... (*Un moment de silence.*) La conversation doit être très animée. (*Même silence.*) Mais comme ce cher Urbain a l'air préoccupé !... Que pourrais-je faire pour vous distraire ?... d'abord, je suis tout à vous, je ne vous quitte pas.

URBAIN. Je m'en aperçois bien. (*Ils se serrent la main avec affectation.*)

ROBERT. Si je vous proposais une partie d'échecs, par exemple.

URBAIN. Mille remercîments.

ROBERT. Ah ! j'en ai fait de plus habiles que vous échec et mat.

URBAIN. *à part.* Nous verrons. (*Haut.*) A propos, monsieur Robert, savez-vous bien que vous êtes la perle des maris, d'une prévenance, d'une galanterie pour votre femme !

CHRISTINE, *à part.* Où veut-il en venir?...

ROBERT. Je ne comprends pas.

URBAIN. Tout à l'heure, on lui remit devant moi un message mystérieux, mais conjugal sans nul doute.... c'était le plus délicieux bouquet de camélias !...

ROBERT. Comment ?

URBAIN. Je ne vous aurais pas cru capable, je l'avoue, de cette attention fleurie et pastorale.

ROBERT. Un bouquet de camélias !!!..

URBAIN. Qu'elle a reçu avec un empressement... bien flatteur pour vous, monsieur Robert.

ROBERT. Ah ! la coquette !.. je cours...

URBAIN. Comment, monsieur Robert, vous me quittez déjà ?

ROBERT. Soyez tranquille, mon cher ami, je reviendrai. (*A part, en sortant.*) Je connaîtrai le Némorin qui fait de l'idylle dans mon ménage. (*Il sort.*)

URBAIN, *s'approchant de Christine.* Nous voilà seuls, madame ; de grâce, écoutez-moi.

ROBERT, *rouvrant la porte.* Ne vous impatientez pas, je suis à vous dans un instant.

SCÈNE VII.

CHRISTINE, URBAIN.

URBAIN On m'a calomnié, madame; moi qui viens à vous timide et respectueux, dont l'amour n'est pas une offense, mais un culte, et qui ne viens ici vous demander pour la vie de chaque jour qu'un regard et qu'un sourire !

CHRISTINE. Je me retire, monsieur, et je vais près de mon mari.

URBAIN, *la retenant.* Votre mari, madame, lit ses journaux, et songe plus à la politique qu'à sa charmante femme.

CHRISTINE, *à part.* Hélas ! c'est vrai.

URBAIN. Est-ce ma faute, si je vous aime ? (*Mouvement de Christine.*) Pardon, je ne voulais pas le dire.

CHRISTINE. Monsieur.... (*A part.*) Au moins, celui-là ne parle pas politique.

URBAIN. N'obtiendrais-je pas un mot de pitié ?

CHRISTINE. Si vous continuez un pareil langage, je serai forcée....

URBAIN. De me punir, de ne plus me recevoir, n'est-ce pas, madame ?... Eh bien, je me tairai. Je ne vous demande que la faveur d'être toujours admis chez vous comme votre ami.

CHRISTINE. Mais je ne sais... (*A part.*) Au fait, un ami, ce n'est pas immoral.

URBAIN. Vous me permettrez quelquefois de venir près de vous, comme dans ce moment ; nous causerons d'art et de littérature.

CHRISTINE. Seulement de littérature ; c'est permis.

URBAIN. Puis nous répéterons ensemble les romances nouvelles ; vous me laisserez du moins emprunter leurs paroles d'amour.

CHRISTINE. Plus bas ! (*Robert paraît au fond.*)

URBAIN. Chère Christine, vous ne me repoussez donc pas, vous daignez m'écouter !

CHRISTINE. Mais, monsieur...

URBAIN, *tombant à ses genoux.* Vous êtes un ange !

<hr>

SCÈNE VIII.

CHRISTINE, ROBERT, URBAIN.

ROBERT, *s'avançant.* Je savais bien que vous étiez d'intelligence !

CHRISTINE, *à part.* Il va tout exagérer. Tâchons de le devancer près de mon mari. (*Elle sort.*)

URBAIN, *à part.* Cet homme est mon mauvais génie.

ROBERT. Ah ! vous m'éloignez sous prétexte d'un bouquet qui n'a fleuri que dans votre imagination. Savez-vous bien que votre conduite est indigne ! mais, est-ce que ces choses-là vous déshonorent, vous autres jeunes gens ! qu'importe de perdre une femme et de détruire le repos d'un honnête homme !

URBAIN. Écoutez-moi...

ROBERT. Non, mille fois non... (*Voyant entrer Molignier.*) Mon frère, mon frère, viens à l'instant.

<hr>

SCÈNE IX.

MOLIGNIER, ROBERT, URBAIN.

MOLIGNIER, *tenant un journal.* Qu'est-il arrivé ?

ROBERT. C'est à présent que tu peux être alarmiste.

MOLIGNIER, *à part.* Alarmiste, oh ! je devine, c'est quelque émeute... (*Haut.*) De quoi s'agit-il ?

ROBERT. D'une trahison... Elle est perdue maintenant. (*Il remonte la scène avec agitation.*)

MOLIGNIER. Je tremble. (*A Urbain, à part.*) Dites-moi donc, mon cher Urbain, de quoi veut-il parler ?

URBAIN. Je ne sais.

MOLIGNIER. Elle est perdue... est-ce la France ?

URBAIN, *vivement.* Précisément.

MOLIGNIER. O ciel ! c'est une conspiration.

ROBERT, *à Urbain.* Laissez-nous, monsieur, et, s'il le faut, je saurai vous rappeler.

URBAIN. Je ne me ferai pas attendre. (*Il sort par le fond.*)

<hr>

SCÈNE X.

MOLIGNIER, ROBERT.

ROBERT, *à part.* O mari infortuné ! femme perfide ! mais comment lui dire ? (*Haut.*) Du courage, mon frère.

MOLIGNIER, *effrayé.* Cela est donc bien grave ?

ROBERT. Hélas, oui ! le bonheur est fragile, les cœurs sont changeants : on était calme hier, on tremble aujourd'hui pour ce que l'on a de plus précieux.

MOLIGNIER, *à part.* Plus de doute, ma fortune est menacée.

ROBERT. Je n'ose t'apprendre... si tu pouvais te douter de quoi il s'agit...

MOLIGNIER. Je le sais déjà... Urbain vient de m'avouer...

ROBERT. Il a osé !... et tu n'as pas sauté sur tes armes ?

MOLIGNIER. Moi faire le coup de fusil !

ROBERT. Tu veux dire le coup de pistolet.

MOLIGNIER. Cela ne fait rien, cela n'est pas dans mes habitudes. En fait d'opinion, je n'en ai qu'une bien arrêtée, c'est celle de vivre longtemps. Ainsi, mon frère, ils ont donc conspiré ?

ROBERT. Contre ton repos, contre ton bonheur; cette conspiration s'est faite habilement. Quand ils voient briller un trésor, les gens qui n'ont rien le lorgnent à la dérobée ; dans les ménages comme dans les clubs, il se glisse des communistes !

MOLIGNIER, *à part.* Des communistes, je m'en doutais ! (*Haut.*) On veut donc me prendre mon bien ?

ROBERT. On demande un partage.

MOLIGNIER. Mais ce n'est nullement dans mes opinions !

ROBERT. Parbleu ! je le crois bien !

MOLIGNIER. On veut partager avec nous, mon pauvre frère.

ROBERT. Nous ! parle pour toi, cela ne me regarde pas.

MOLIGNIER. Ah ! mon ami, cela regarde tout le monde.

ROBERT. Mais non.

MOLIGNIER. Mais si.

ROBERT. Il est certain que tôt ou tard... enfin on ne sait pas.

MOLIGNIER, *à part.* Oh ! que la vie politique est agitée ! par bonheur la vie intime nous console ; nous avons tous deux des femmes douces comme des colombes.

SCÈNE XI.

ANGÈLE, ROBERT, MOLIGNIER, *puis* CHRISTINE. (*Angèle tient un journal, elle entre par la gauche.*)

ANGÈLE, *à part.* De l'audace ! tout est bien convenu entre Christine et moi.

ROBERT. Ah ! vous voici, Angèle, écoutez...

ANGÈLE. Silence, monsieur.

ROBERT. Qu'est-ce que cela veut dire ?

ANGÈLE. Cela veut dire que je m'insurge à la fin.

MOLIGNIER. O mon Dieu !

ANGÈLE. Je viens de lire dans ce journal un article sur l'émancipation des femmes.

ROBERT. Quelle folie ! et vous osez...

ANGÈLE. Silence, monsieur.

MOLIGNIER. Ce préambule m'inquiète, je commence à trembler; non, je continue à trembler.

CHRISTINE, *entrant par la droite et fermant violemment la porte.* Je suis en fureur !

MOLIGNIER. C'est toi, ma douce amie.

CHRISTINE, *à part.* Son amie... Robert ne lui a donc rien dit, je puis me mettre en colère à mon aise... (*Haut.*) Savez-vous, monsieur, que c'est de l'arbitraire et de l'absolutisme ? vous réformez tout dans la maison avec vos économies d'alarmiste : non content d'avoir cet habit de surnuméraire ou d'employé en retraite, vous osez renvoyer ma femme de chambre, et jusqu'à ma marchande de modes, qui m'apportait le plus ravissant chapeau...

ANGÈLE. Il faut nous révolter !

MOLIGNIER. Hein, qu'est-ce qu'elle a dit ?

CHRISTINE. Un chapeau à faire des jalouses!... vous êtes un tyran... Avec une guirlande de bluets !

ANGÈLE, *passant à la droite de Christine.** Réunissons-nous, l'union fait la force.

MOLIGNIER. Grand Dieu ! voilà nos deux femmes qui font un rassemblement !

ANGÈLE. Assez et trop longtemps nos maris ont usurpé le pouvoir. Je sais bien que c'est une monarchie constitutionnelle où les femmes sont premiers ministres ; mais cela ne suffit pas, il est temps d'établir dans les ménages le gouvernement républicain.

ROBERT. Oh ! les femmes ! ce sont des démons déguisés qui dans le monde font patte de velours, et dans la maison montrent leurs griffes.

ANGÈLE. Vive Dieu! nous ne souffrirons pas qu'on nous opprime.

MOLIGNIER. Nos femmes se révoltent !

ANGÈLE. A dater de ce jour, nos maris sont tenus d'être soumis, d'être aimables.

CHRISTINE. Galants, attentionnés.

---

* Robert, Angèle, Christine, Molignier.

MOLIGNIER. C'est effrayant.

ANGÈLE. De n'être pas jaloux.

ROBERT. C'est intolérable !

ANGÈLE. Silence, monsieur.

ROBERT. Mais, madame, un pareil langage mérite une sévère censure.

ANGÈLE. Oh ! silence, Monsieur, la censure est abolie. Nous allons établir de suite nos lois révolutionnaires.

MOLIGNIER. Mais c'est procéder par intimidation !

CHRISTINE. Premier article : sous aucun prétexte vous ne refuserez de nous conduire au bal, et nous y resterons jusqu'à cinq heures du matin.

ANGÈLE. Nous aurons des parures à discrétion, et même à indiscrétion.

CHRISTINE. Des diamants.

ANGÈLE. Des adorateurs.

ROBERT. Oh ! quant à cela...

ANGÈLE. Silence, monsieur.

CHRISTINE. Nous prélèverons sur la caisse de nos maris un impôt extraordinaire.

MOLIGNIER. Je vais me trouver mal... mais c'est une insurrection ! Eh quoi, l'émeute n'est pas seulement dans la rue, elle est dans nos foyers... elle porte des cheveux en bandeaux, des dentelles et des rubans roses !

ANGÈLE. Mais ce n'est pas assez !

MOLIGNIER. Ah ! grand Dieu ! ce n'est pas assez... que vont-elles dire encore ?

ANGÈLE. Je ne me contente pas de ces futilités ; je me mets sur les rangs pour les élections, je me porte candidate.

ROBERT. Oh !...

MOLIGNIER. Ah !...

ANGÈLE, *à Robert.* Je vous demande votre voix. (*A Molignier.*) La vôtre aussi, mon cher beau-frère ?

MOLIGNIER. Ma voix... ma voix... mais je n'en ai plus, je me meurs.

ANGÈLE. Je serai nommée, je monterai à la tribune, et je parlerai...

ROBERT. Je n'en doute point.

ANGÈLE. Pas d'interruption ! Je parlerai sur l'émancipation des femmes, contre la tyrannie des maris...

CHRISTINE. Très-bien... très-bien... j'appuie la motion.

MOLIGNIER. Je demande l'ordre du jour.

ROBERT. Oui, oui, l'ordre du jour !

ANGÈLE, *prenant la main de Christine.* Liberté, égalité, fraternité.

ANGÈLE *et* CHRISTINE. Vive l'indépendance !!!

MOLIGNIER. La révolution chez moi !.. mais où fuir ?..

ROBERT. On n'a rien vu de pareil dans le martyrologe des maris... Je...

ANGÈLE. Silence, monsieur.

ANGÈLE *et* CHRISTINE. A bas les tyrans.

MOLIGNIER. Quelle révolte. (*A Christine.*) Mais, ma chère...

ANGÈLE *et* CHRISTINE. Vive l'indépendance !!!

Fin de l'air : *Guerre aux tyrans.*

Guerre aux tyrans ! jamais dans mon ménage,
Jamais mari ne régnera !

ENSEMBLE.

MOLIGNIER *et* ROBERT.

Cris menaçants, jamais dans mon ménage,
Jamais femme ne régnera !

ANGÈLE *et* CHRISTINE.

Guerre aux tyrans, etc,

Elles sortent par la droite

SCÈNE XII.

ROBERT, MOLIGNIER. (*Ils tombent sur des chaises placées de chaque côté de la table du milieu, ils sont suffoqués, cachent leurs têtes dans leurs mains, puis se regardent un instant en silence.*)

MOLIGNIER. Je n'aime pas cet air-là.

ROBERT. Je tremble de colère !

MOLIGNIER. Je tremble d'inquiétude !

ROBERT. Que signifient toutes ces folies ?

MOLIGNIER. Veux-tu que je te le dise ?

ROBERT. Oui, dis-le-moi.

MOLIGNIER. C'est une démonstration contre le gouvernement marital.

ROBERT. Cela ne se passera par ainsi.

MOLIGNIER. Ah ! tu m'appelais trembleur, alarmiste !... N'avais-je pas raison de frémir ? La révolte est partout ! on n'a plus de frein. on franchit toutes les barrières... Eh bien ! moi aussi, je les franchirai, je quitte Paris.., je pars... adieu... (*Fausse sortie.*)

ROBERT. Où vas-tu ?

MOLIGNIER. Je ne sais pas... à Montmo-rency ou à Constantinople...

ROBERT. A Constantinople !... réfléchis bien... tu y aurais plusieurs femmes...

MOLIGNIER, *vivement.* Diable... je reste.

ROBERT. Du courage... marchons aux re-belles ; surveillons-les... elles n'auraient qu'à faire leurs bulletins d'élections...

MOLIGNIER. Quoi ! nous allons affronter la révolte ?

ROBERT, *l'entraînant.* Mais viens donc !

MOLIGNIER, *se décidant.* Affrontons la révolte...

(*Ils sortent par la droite.*)

FIN DU PREMIER ACTE.

ACTE DEUXIEME.

Le rideau ne tombe pas. — Pendant l'entr'acte, l'orchestre joue l'air: *Guerre aux tyrans.*

SCÈNE PREMIÈRE.

URBAIN, NARCISSE. (*Ils entrent par le fond.*)

URBAIN, *marchant à grands pas.* Elle n'est pas ici !... Il faut pourtant que je lui parle, que je sache ce qui s'est passé.

NARCISSE, *le suivant toujours.* Si tu me faisais l'amitié de m'écouter... cet exercice me fatigue...

URBAIN. Laisse-moi tranquille.

NARCISSE. Pourquoi cette colère, ô grand homme ?

URBAIN, *se retournant tout à coup et se croisant les bras.* Vous osez le demander !... Le jaloux vous a fait peur, et vous n'avez risqué ni la déclaration ni le bouquet de ca-méiias...

NARCISSE. J'ai offert le bouquet avec mon cœur, la douce Angèle les a reçus tous deux avec un sourire épanoui ; je suis aimé, mon bon, je suis aimé !... Maintenant, il faut con-tinuer la fascination : donne-moi tes con-seils, ô mon maître en l'art de plaire, ô jeune lion du bois de Boulogne !

URBAIN, *sans l'écouter.* Elle ne vient pas ! Il faut me décider à lui écrire...

NARCISSE. Ah ! j'ai une idée... je vais lui envoyer un billet doux, un billet scélérat... (*Urbain et Narcisse s'asseyent en même temps devant le guéridon, prennent chacun une plume, et se regardent avec surprise.*) Angèle, ange de mon cœur...

URBAIN, *à lui-même.* C'est cela, il faut de

l'audace... tout à l'heure elle ne m'a pas re-poussé, ses paroles étaient presque un aveu... sans nul doute, le mari sait tout et doit l'ac-cuser... on va me congédier, je n'hésite plus.

NARCISSE, *cherchant toujours.* Ange de mon cœur...

URBAIN. Je lui propose un enlèvement... c'est un peu vieux, un peu inusité... mais bah ! en temps de révolution...

NARCISSE. Bah ! en temps de révolution... Ange de mon cœur...

URBAIN, *écrivant.* De grâce, écoutez un ami... Votre âme est pure, mais les appa-rences vous accusent... Si vous restez ici, vous avez à craindre d'injustes soupçons... il faut fuir, il faut partir pour l'étranger... pour l'Angleterre ou la Russie.

NARCISSE, *qui a copié chaque phrase à mesure qu'Urbain l'écrivait.* J'allais avoir cette idée. (*Il écrit et lit tout haut.*) Il faut fuir, il faut partir pour l'étranger, pour l'An-gleterre ou la Russie... De la sorte, Pylade ne quittera pas Oreste. (*Se levant.*) A propos, cher, comment nommes-tu ta sirène ?

URBAIN. Cela ne te regarde pas...

NARCISSE. Tu deviens mystérieux... Avi-sons au moyen de faire parvenir cette lettre à l'ange de mon cœur. (*Il sort par le fond.*)

SCÈNE II.

URBAIN, ANTOINE. (*Antoine entre par la gauche.*)

URBAIN. Mon ami, remettez cette lettre à

votre maîtresse... Soyez discret, je serai généreux...

ANTOINE. Monsieur, je ne puis me charger...

URBAIN. Des scrupules!...

ANTOINE. Sans doute, on a une conscience.

URBAIN. Est-elle bien chère?...

ANTOINE. Monsieur...

URBAIN. Mon ami, j'ai toujours pensé qu'une bonne conscience vaut son pesant d'or. (*Il lui donne une bourse.*)

ANTOINE. Donnez-moi la lettre, monsieur.

URBAIN. De la discrétion! (*Il sort par le fond.*)

ANTOINE. C'est bien payé... mais j'avais tant de scrupules...

SCÈNE III.

MOLIGNIER, ANTOINE.

MOLIGNIER, *entrant par la gauche.* Quelle dispute! On se serait cru dans une chambre de la place de la Concorde.

ANTOINE, *sans voir Molignier.* Remettre ce billet à madame... c'est grave... (*Molignier, qui s'avançait de son côté, lui enlève négligemment la lettre.*)

ANTOINE, *effrayé.* Monsieur...

MOLIGNIER, *tranquillement.* Eh bien?

ANTOINE. Cette lettre...

MOLIGNIER. Je la prends, tu le vois bien.

ANTOINE. C'est que...

MOLIGNIER. Laisse-moi lire. (*Il regarde la signature.*) Urbain Norlis, notre cher voisin, qui m'apporte tant de journaux... (*Retournant la lettre.*) Pas d'adresse... mais ici ce cher Urbain ne peut écrire qu'à moi... voyons. (*Il parcourt la lettre des yeux.*) O mon Dieu!...

ANTOINE, *à part.* Il va me chasser...

MOLIGNIER, *très-ému.* C'est affreux!... Monte vite chez M. Urbain, ramène-le à l'instant, entends-tu bien... Il faut que j'aie sur le champ une explication avec lui...

ANTOINE, *à part.* Une explication! un duel!... Courons prévenir M. Urbain. (*Il sort par le fond.*)

SCÈNE IV.

MOLIGNIER, *seul.*

Je suis anéanti!... Mais la France est donc bouleversée?... Urbain m'engage à partir pour l'étranger... il me conseille l'émigration! Relisons sa lettre. (*Il lit.*) « De grâce, écoutez un ami... » (*S'arrêtant.*) Oh oui! un ami dévoué! (*Continuant.*) « Votre âme est pure. » (*S'arrêtant.*) Assurément je suis un honnête homme; j'ai toujours été vertueux comme une épitaphe. (*Continuant.*) « Mais les apparences vous accusent : si vous restez ici, vous avez à craindre d'injustes soupçons... » (*S'arrêtant.*) Grand Dieu! s'agirait-il décidément d'une émeute? me dénoncerait-on pour mes opinions politiques? (*Continuant.*) « Il faut fuir, il faut partir pour l'étranger... pour l'Angleterre ou la Russie. » (*S'arrêtant.*) Excellent ami!...

SCÈNE V.

MOLIGNIER, URBAIN. (*Urbain entre par le fond; il tient une boîte de pistolets, qu'il pose en entrant sur le guéridon.*)

URBAIN. Monsieur, je suis à vos ordres.

MOLIGNIER, *très-ému.* J'ai lu cette fatale lettre...

URBAIN. Je le sais, monsieur...

MOLIGNIER. Elle a détruit mon repos... Du reste, ce n'est pas pour moi que je tremble, on n'a rien à craindre quand on sait se mettre en garde et parer le coup.

URBAIN, *à part.* Quel spadassin!

MOLIGNIER. L'essentiel est de savoir s'effacer...

URBAIN. Il parle comme Grisier.

MOLIGNIER. Puisqu'il le faut, je suis prêt à partir.

URBAIN. Et moi, monsieur, prêt à vous suivre...

MOLIGNIER, *à part.* Brave jeune homme! Ainsi, vous allez m'accompagner jusqu'à la barrière?

URBAIN. Jusqu'à l'endroit que vous désignerez... Mais nous n'avons pas de témoins.

MOLIGNIER. Des témoins! non certes! nous partirons d'ici mystérieusement... on ne doit pas ébruiter ces choses-là... Le secret est comme la bourse ; il ne faut le confier à personne.

URBAIN. Mais cependant...

MOLIGNIER. Mon frère pourra nous suivre.

URBAIN. Et mon ami Narcisse Lormier.

MOLIGNIER. Ce jeune homme est discret?..

URBAIN *fait un signe affirmatif et dit à part :* Comme les Petites-Affiches. (*Haut.*) Je vous ai dit, Monsieur, que j'étais à votre disposition.

MOLIGNIER. Je ne vous demande que quelques moments pour faire mes préparatifs.

URBAIN, *lui montrant la boîte de pistolets.* J'ai apporté des armes, monsieur.

MOLIGNIER, *passant à gauche.* Des armes !... Ah ! c'est pour mon voyage... Il pense à tout. Merci, mon excellent ami ; je prends vos pistolets.

URBAIN. Vous dites?

MOLIGNIER, *lui serrant la main.* Je n'oublierai jamais le service que vous m'avez rendu.

URBAIN, *à part.* Me remercierait-il d'avoir cherché à le débarrasser de sa femme? Cela s'est vu.

MOLIGNIER. Oui, noble jeune homme, je vais émigrer. Je conserverai toujours cette lettre que vous m'avez écrite, et que vous a dictée votre cœur. (*Il parcourt la lettre et la lit tout haut.*) De grâce, écoutez un ami.., il faut partir pour l'étranger.

URBAIN, *à part.* Se pourrait-il? La lettre était sans adresse... Oh! profitons de la méprise.

MOLIGNIER. Ainsi le danger est imminent?

URBAIN. Terrible, l'époque est sinistre comme le cinquième acte... je me trompe... le quatorzième acte d'un drame moderne. Oh! tremblez et partez; chacun s'élance sur les ailes des vaisseaux ou des wagons. Je connais plusieurs maris dont les opinions sont suspectes, et qui prennent à peine le temps de dire adieu à leurs femmes.

MOLIGNIER. Le dessein en est pris, je pars... cher Urbain ; et, grâce à vous, je me rirai des soupçons et des périls.

AIR de Renaud de Montauban.

Qu'importent dangers et combats
  Aux cœurs vaillants, aux gens ingambes?
Les braves n'ont-ils point leurs bras,
Les autres n'ont-ils pas leurs jambes?
En politique j'ai toujours

L'opinion de l'hirondelle,
  Qui fuit la France à tire-d'aile,
Dès que viennent les mauvais jours.

(*Il sonne. Antoine paraît.*) Qu'on prépare mes malles à la hâte ; je vais faire un voyage. (*Antoine sort.*) Merci de vos conseils, mon cher Urbain. Avant une heure d'ici, je serai parti avec ma femme,

URBAIN. Hein !... Mais ce n'est pas du tout mon avis. Ne faut-il pas que quelqu'un reste ici pour faire respecter vos propriétés?

MOLIGNIER. Ah! vous croyez!.....

URBAIN. D'ailleurs, c'est une lutte d'opinions, où les hommes seuls ont tout à craindre. Laissez ces dames à Paris ; et, si vous m'en croyez, emmenez votre frère avec vous. Partez tous deux pour la Russie.

MOLIGNIER. Pour la Russie! Non pas : après avoir tremblé de peur en France, je ne veux pas aller trembler de froid en Russie : ce serait vivre dans un frisson perpétuel. Je m'embarque pour l'Angleterre, mon ami, et je vous recommande ma femme.

URBAIN. Comptez sur moi.

SCENE VI.

URBAIN, ROBERT, MOLIGNIER.

ROBERT. Ah ! tu lui recommandes ta femme !

URBAIN, *à part, s'éloignant avec colère.* Décidément, cet homme est un ancien familier de l'inquisition.

ROBERT, *prenant Molignier à part.* Mais tu n'as donc rien compris, pauvre fou? Tu n'as donc que le rappel dans l'oreille et la crainte dans le cœur? Faut-il te dire encore que cet ami prétendu n'est qu'un amoureux larron qui veut te voler ta femme?

MOLIGNIER. Que dis-tu ?

URBAIN, *à part.* On me dénonce.

ROBERT. Tout à l'heure encore, je le sais, il a remis une lettre pour elle...

MOLIGNIER. Qu'elle a reçue sans doute.... elle que j'aimais tant!... Le traître ! Ah ! nous allons nous expliquer ensemble.

ROBERT, *se frottant les mains.* Nous allons faire la chasse au lion !

MOLIGNIER. Je la ferai bien sans toi ; laisse-nous seuls. Je puis être un trembleur, avoir le frisson politique ; mais quand il s'agit de ma femme, je reprends mon énergie.

ROBERT. Eh bien ! je sors, mais pour revenir. Un amant congédié par un mari, c'est d'un bon exemple : je vais chercher ma femme. (*Il sort par la gauche.*)

SCÈNE VII.

NARCISSE, MOLIGNIER, URBAIN. (*Molignier fait quelques pas pour accompagner son frère. Pendant ce temps, Narcisse entre vivement sans le voir.*)

NARCISSE, *entrant.* Urbain ! on m'avait bien dit que je te trouverais ici. J'ai remis ma lettre à l'ange de mon cœur... (*Il s'arrête en apercevant Molignier qui revient en scène.*)

MOLIGNIER. Restez, monsieur, j'ai à parler sévèrement à l'un de vous deux ; l'autre sera juge dans cette cause, et, sans nul doute, condamnera son ami. Un jeune homme...

URBAIN, *avec assurance.* Eh bien ! monsieur.

MOLIGNIER, *intimidé, et se retournant vers Narcisse.* Un lion échappé du bois de Boulogne ou du club des séducteurs.

NARCISSE, *à part.* Il parle de séducteur ; il s'agit de moi.

MOLIGNIER, *continuant.* Voulut essayer ici l'éternelle plaisanterie de tromper un mari et de séduire une femme. Cela est fort drôle, en effet, et la recette en est facile : on choisit un moment où le mari est occupé de politique ; on l'appelle son ami, on lui serre la main, et l'on écrit mystérieusement un billet doux à sa femme...

NARCISSE, *à part.* C'est ma lettre à l'ange de mon cœur.

MOLIGNIER. Mais un frère s'aperçut de l'emprunt forcé qu'on voulait faire au mari.

NARCISSE, *à part.* Un frère, c'est lui.

MOLIGNIER. Le mari, qui n'aime pas les romans par lettres, pourrait demander à l'audacieux une satisfaction, celle d'aller ensemble se couper la gorge. Oui, certes, il pourrait demander cette habituelle satisfaction. (*Les deux jeunes gens prennent un air martial et boutonnent leurs habits. — Avec empressement.*) Mais il ne le fera pas, il aura le courage de ne pas le faire. Il lui semble qu'un pareil duel est une affiche maladroite ; la Renommée aux cent journaux le raconte le lendemain à tous nos bons Pari-

siens. Quand il s'agit d'événements intimes, un mari ne sonne pas le tocsin. Il est donc plus sage de dire à notre Don Juan : Sortez d'ici, monsieur, et n'y reparaissez plus. (*Les deux jeunes gens se dirigent en même temps vers la porte.*) J'ai été beau !

NARCISSE, *revenant.* Je suis ému, monsieur ; le frère qui défend l'honneur de sa famille, m'a profondément touché ; mais, hélas ! on n'est pas maître d'un cœur de vif-argent ; je suis coupable d'avoir aimé cet ange et d'avoir osé lui remettre cette lettre passionnée.

MOLIGNIER. Que dites-vous ?

URBAIN, *à part.* O Satan, tu me protéges !

MOLIGNIER, *à lui-même.* C'était lui ! mon frère se trompait, et j'accusais Urbain ! (*Allant à Urbain et lui prenant la main.*) Mon cher Urbain, je vous demande pardon ; je vous ai soupçonné injustement.

SCÈNE VIII.

NARCISSE, ANGÈLE, ROBERT, MOLIGNIER, CHRISTINE, URBAIN.

ROBERT, *à Angèle, en entrant.* Venez madame.

MOLIGNIER, *l'apercevant.* Mais viens donc, mon frère, si tu savais quelle méprise !... Urbain est mon meilleur ami. (*A Christine.*) C'est notre meilleur ami. (*Montrant Narcisse.*) Voici le perfide ! Sortez, monsieur !..

CHRISTINE, *à part.* Comme se fait-il ?

NARCISSE, *à part.* Adorable Angèle !... Il faut donc la quitter !... (*Il remonte lentement la scène.*)

ROBERT. Ah ! c'est le beau Narcisse que tu congédies, et c'est Urbain que tu gardes pour ami ! Ces maris n'en font jamais d'autres ! (*Il rit aux éclats, prend la main de Narcisse, et le ramène en scène.*) Venez donc, victime innocente.

MOLIGNIER. Mais tu t'abusais, je te jure. (*Robert hausse les épaules.*)

NARCISSE, *à Robert.* Il n'est plus temps de feindre, monsieur, puisque votre frère sait tout ; c'est moi qui suis le coupable : je mis la plume à la main, le cœur sur la plume, mon âme sous enveloppe, et j'envoyai le tout...

ROBERT. Eh bien ?

NARCISSE. A votre femme.

ROBERT. A ma femme ! (*Il fait passer Angèle à gauche.*)

MOLIGNIER. Que signifie?

URBAIN. Je suis perdu.

ROBERT. Quoi ! tandis que je surveillais la femme d'un autre, on cherchait à me prendre la mienne. (*A Angèle.*) Montrez-moi cette lettre à l'instant, madame.

ANGÈLE. La voici. Non, je me trompe, c'est ma profession de foi... Voici la lettre.

ROBERT. Et vous avez lu ce billet illégitime?

ANGÈLE. Sans doute; ça se lit toujours, pour savoir jusqu'à quel point on doit se mettre en colère.

ROBERT, *lisant.* « Il faut fuir, il faut partir pour l'étranger, pour l'Angleterre ou la Russie. » (*A Narcisse.*) Et vous osez rester devant moi !

NARCISSE. Je me retire, monsieur.

MOLIGNIER, *à Urbain, après avoir relu sa lettre.* Mais c'est une copie de votre lettre! Oh! je devine tout maintenant! cette lettre sans adresse... elle était pour ma femme. (*Il fait passer Christine à sa droite*).

URBAIN. Monsieur...

MOLIGNIER. Lisez, Christine.

CHRISTINE *lit la lettre des yeux et dit à Urbain d'un ton méprisant.* Un enlèvement par circulaire !

ANGÈLE, *à Narcisse.* Monsieur Narcisse, pour vous épargner la peine de copier cette lettre, une autre fois faites-la lithographier.

NARCISSE. Belle dame, vous m'humiliez.

MOLIGNIER. En vérité, messieurs, vous voilà tout embarrassés... et maintenant que je suis trop occupé de ma femme pour songer à la politique, vous me faites à votre tour l'effet de trembler. Puisque vous teniez tant à voir l'Angleterre ou la Russie, je vous engage à faire le voyage ensemble.

URBAIN. Recevez donc nos adieux. (*A part.*) Allons, puisqu'il le faut, je vais émigrer... au café de Paris. (*Il salue.*)

NARCISSE, *à part.* Partons, nous sommes trop dangereux.

ROBERT, *les accompagnant au fond.* Permettez que je vous accompagne. Je ne vous avais conté que l'exposition, vous savez maintenant la fin du feuilleton. (*Molignier remet à Urbain sa boîte de pistolets. Urbain et Narcisse sortent par le fond.*)

SCÈNE IX.

ANGÈLE, ROBERT, MOLIGNIER, CHRISTINE.

MOLIGNIER. Christine, il t'a parlé d'amour, et tu l'as écouté?

CHRISTINE. De la jalousie! à la bonne heure !

ROBERT. Angèle, vous recevez des lettres qui ne sont pas des chapitres de la *Morale en action*, et vous ne m'en dites rien.

ANGÈLE. Eh! que puis-je vous dire? vous m'imposez toujours silence.

ROBERT. C'est vrai, j'avais tort. (*Lui serrant la main.*) Désormais, parle librement, pourvu que ce ne soit pas à la tribune.

CHRISTINE, *à Molignier.* Il faut me pardonner un instant de coquetterie, rester près de moi pour me protéger; lire peut-être moins de premiers-Paris et de nouvelles de l'étranger, mais lire plus souvent dans le cœur de ta femme.

MOLIGNIER. Je ne l'oublierai pas. Plus d'alarmes politiques, plus d'émigration... (*Aux deux femmes, en leur donnant le bras.*) Il n'en est qu'une qui soit toujours nécessaire dans les bons ménages, c'est l'émigration des amants. (*Il s'arrête, et semble effrayé.*)

TOUS. Qu'est-ce qu'il y a donc?

MOLIGNIER, *montrant le parterre.* Il me semble que j'aperçois là-bas un rassemblement.

ROBERT. Ce sont les étudiants.

MOLIGNIER. Cela se trouve bien; j'ai à leur parler.

AU PUBLIC.

Air : *du vaudeville de Mme Favart.*

L'auteur frémit, son cœur sonne l'alarme,
C'est un trembleur; il faut être clément!
Rassurez-le; ne vous servez pas d'arme;
Mais vous pouvez faire un rassemblement.
Protégez-nous comme la République;
Elle a vos bras, il nous faudrait vos mains :
Soyez Français sur la place publique,
Mais au théâtre il faut être Romains.

FIN.

L'HONNEUR DE MA MÈRE, drame en 3 actes.
INDIANA, drame en 5 actes.
L'ILE D'AMOUR, drame vaudeville en 3 actes.
LES IMPRESSIONS DE VOYAGE, vaudeville en 2 actes.
IVAN DE RUSSIE, tragédie.
JACQUES LE CORSAIRE, drame en 5 actes.
JACQUES CŒUR, *idem.*
JEANNE D'ARC EN PRISON, vaudeville en 1 acte.
JEANNE DE FLANDRE, drame en 5 actes.
JEANNE DE NAPLES, *idem.*
JEANNE HACHETTE, drame en 5 actes.
JE SERAI COMÉDIEN, comédie en un acte.
LA LANTERNE DE DIOGÈNE, monologue en 1 acte.
LESTOCQ, opéra comique en 3 actes, par Scribe.
LA LECTRICE, comédie-vaudeville en 2 actes.
LÉON, drame en 5 actes.
LOUISE BERNARD, drame en 5 actes, par Alex. Dumas.
LE LAIRD DE DUMBIKI, par Alex. Dumas.
LUCIO, drame en 5 actes.
LONGUE-ÉPÉE LE NORMAND, drame en 5 actes.
LORENZINO, drame, par Alex. Dumas.
LA LESCOMBAT, drame en 5 actes.
MARINO FALIERO, tragédie en 5 actes, par Casimir Delavigne.
LE MARI DE LA VEUVE, comédie en un acte, par Alex. Dumas.
MARIE, comédie en 5 actes, par Mme Ancelot.
LE MANOIR DE MONTLOUVIERS, drame en 5 actes.
MARGUERITE D'YORK, drame en 5 actes.
LE MARCHÉ DE SAINT-PIERRE, *idem.*
LA MAIN DROITE ET LA MAIN GAUCHE, *idem.*
LE MARCHAND D'HABITS, *idem.*
MADELEINE, *idem.*
MADEMOISELLE DE LA FAILLE, *idem.*
MARGUERITE DE QUÉLUS, *idem.*
MARGUERITE FORTIER, *idem.*
MARGUERITE, vaudeville en 3 actes, par Mme Ancelot.
MATHIAS L'INVALIDE, comédie-vaudeville en 2 actes.
MADAME ET MONSIEUR PINCHON, vaudeville en 1 acte.
MADEMOISELLE D'ANGEVILLE, *idem.*
MARCEL, drame en 5 actes.

LA MAITRESSE DE LANGUES, vaudeville en 1 acte.
LA MARQUISE DE SENNETERRE, comédie en 3 actes.
MATHILDE ou la Jalousie, comédie-vaudeville en 2 actes.
MONSIEUR ET MADAME GALOCHARD, vaudeville en 1 acte.
MORIN, drame en 5 actes.
LES MILLE ET UNE NUITS, féerie en 3 actes et 16 tableaux.
LE MOINE, drame en 5 actes.
MURAT, drame en 5 actes et 16 tableaux.
LE MARI DE LA DAME DE CHOEURS, vaudeville en 2 actes.
LA MARQUISE DE PRÉTINTAILLE, vaudeville en 1 acte.
NAPOLÉON BONAPARTE, drame en 6 actes, par Alex. Dumas.
LE NAUFRAGE DE LA MÉDUSE, drame en 5 actes.
NOTRE-DAME DES ABIMES, drame en 5 actes.
LA NONNE SANGLANTE, *idem.*
L'OFFICIER BLEU, drame en 5 actes
LES ORPHELINS D'ANVERS, *idem.*
L'OUVRIER, drame en 5 actes, par Fréd. Soulié.
PAUL JONES, drame en 5 actes, par Alex. Dumas.
PAUL ET VIRGINIE, drame en 5 actes.
PARIS LA NUIT, *idem.*
PAMÉLA GIRAUD, drame en 5 actes, par Balzac.
LE PAYSAN DES ALPES, drame en 5 actes.
PARIS ET LA BANLIEUE, drame en 5 actes.
PAUVRE MÈRE, *idem.*
PAUVRE FILLE, *idem.*
PARIS LE BOHÉMIEN, *idem.*
PASCAL ET CHAMBORD, com.-vaud. en 2 actes.
LA PLAINE DE GRENELLE, drame en 5 actes.
LA PENSIONNAIRE MARIÉE, vaudeville en 2 actes, par Scribe.
PRÊTEZ-MOI CINQ FRANCS, drame en 5 actes.
LE PERRUQUIER DE L'EMPEREUR, drame en 5 act.
PIERRE LEROUGE, com.-vaud. en 2 actes.
LES PILULES DU DIABLE, féerie en 18 tableaux.
LES PETITES MISÈRES DE LA VIE HUMAINE, vaudeville en 1 acte.
LE PLASTRON, comédie-vaudeville en 2 actes.
LE PRINCE EUGÈNE ET L'IMPÉRATRICE JOSÉPHINE, drame en 10 tableaux.
LES PRUSSIENS EN LORRAINE, drame en 5 act.

LE PROSCRIT, drame en 5 a., par Fréd. Soulié.
LE PROCÈS DU MARÉCHAL NEY, drame en 5 act.
LA PLAINE DE GRENELLE, *idem*.
QUI SE RESSEMBLE SE GÊNE, vaudev. en 1 acte.
QUAND L'AMOUR S'EN VA, vaudev. en 1 acte.
RENAUDIN DE CAEN, comédie en 2 actes.
RICHE ET PAUVRE, drame en 5 actes, par Émile
   Souvestre.
RITA L'ESPAGNOLE, drame en 5 actes.
LES RUINES DE VAUDEMONT, *idem*.
LE ROI D'YVETOT, opéra-comique en 3 actes.
ROMÉO ET JULIETTE, par Frédéric Soulié.
SANS NOM, folie-vaudeville en 1 acte.
LA SALPÊTRIÈRE, drame en 5 actes.
LES SEPT CHATEAUX DU DIABLE, féerie en 5 act.
LA SOEUR DU MULETIER, drame en 5 actes, par
   Bouchardy.
LES SEPT ENFANTS DE LARA, drame en 5 actes.
STELLA, ou la Forteresse du Mont des Géants,
   drame en 5 actes.

LA SONNETTE DE NUIT, folie-vaudev. en 1 acte.
LA TACHE DE SANG, drame en 3 actes.
LA TRAITE DES NOIRS, drame en 5 actes.
LE TREMBLEMENT DE TERRE DE LA MARTINIQUE,
   drame en 5 actes.
LA TIRELIRE, vaudeville en 1 acte.
LA TOUR DE FERRARE, drame en 5 actes.
THOMAS MAUREVERT, *idem*.
UN BAL DU GRAND MONDE, vaud. en 1 acte.
UN BAS-BLEU, folie en 1 acte.
UN CHANGEMENT DE MAIN, comédie en 2 actes.
UN MARIAGE SOUS LOUIS XV, comédie en 3 actes,
   par Alex. Dumas.
UNE PASSION, vaudeville en 1 acte.
UNE VISION DU TASSE, monologue en 1 acte et
   en vers.
VAUTRIN, drame en 5 actes, par Balzac.
LA VÉNITIENNE, drame en 5 actes.
LA VOISIN, drame en 3 actes.
LA VIE DE NAPOLÉON, récit en 1 acte.

CHEFS-D'OEUVRE DU THÉATRE FRANÇAIS, A 25 CENTIMES.

ATHALIE, tragédie en 5 actes.
ANDROMAQUE, tragédie en 5 actes.
L'AVARE, comédie en 5 actes.
LE BARBIER DE SÉVILLE, comédie en 4 actes.
BRITANNICUS, tragédie en 5 actes.
CINNA, tragédie en 5 actes.
LE CID, tragédie en 5 actes.
LE DÉPIT AMOUREUX, comédie en 2 actes.
L'ÉCOLE DES FEMMES, comédie en 5 actes.
LES FOLIES AMOUREUSES, comédie en 3 actes.
HAMLET, tragédie en 5 actes.
LES HORACES, tragédie en 5 actes.
IPHIGÉNIE EN AULIDE, tragédie en 5 actes.

LE MARIAGE DE FIGARO, comédie en 5 actes.
MAHOMET, tragédie en 5 actes.
LA MORT DE CÉSAR, tragédie en 5 actes.
LE MISANTHROPE, comédie en 5 actes.
LA MÈRE COUPABLE, comédie en 3 actes.
MÉROPE, tragédie en 5 actes.
LA MÉTROMANIE, comédie en 5 actes.
LE MALADE IMAGINAIRE, comédie en 3 actes.
OTHELLO, tragédie en 5 actes.
PHÈDRE, tragédie en 5 actes.
POLYEUCTE, tragédie en 5 actes.
LE TARTUFE, comédie en 5 actes.
ZAÏRE, tragédie en 5 actes.

PARIS. — Imprimerie Dondey-Dupré, rue Saint-Louis, 46, au Marais.